Des Oiseaux

Ce livre appartient à:

_____

Glorya Phillips

Tourterelle

Colibri

Avaler

Pélican

Cigogne

Flamant

Cygne

Paon

Perroquet

Caille

Faisan

Autruche

Corbeau

Chouette

Vautour

Faucon

Aigle

Mouette

Pigeon

Grand Héron

Coucou

Pivert

Balbuzard

Buse

Merci de nous avoir choisi.
Nous espérons que vous avez apprécié notre livre.
Votre avis est important pour nous,
s'il vous plaît dites-nous comment vous avez aimé
notre livre à l'adresse :

 glorya.phillips@gmail.com

 www.facebook.com/glorya.phillips

 www.instagram.com/gloryaphillips

© Copyright 2021 - Tous droits réservés.

Il est interdit de reproduire, de dupliquer ou d'envoyer le contenu de ce livre sans la permission écrite directe de l'auteur. Vous ne pouvez en aucun cas circonstances, accuser l'éditeur ou le tenir pour responsable juridiquement pour toute réparation, compensation ou perte monétaire due à l'information contenue dans ce livre, que ce soit

l'information contenue dans ce livre, que ce soit de manière directe ou indirecte.

Avis juridique : Ce livre est protégé par le droit d'auteur. Vous pouvez utiliser ce livre à

des fins personnelles. Vous ne devez pas vendre, utiliser, modifier, distribuer, citer, prendre des extraits ou paraphraser en partie ou en totalité le matériel contenu dans ce livre.

Extraits ou paraphraser en partie ou en totalité le matériel contenu dans ce livre sans avoir obtenu au préalable l'autorisation de l'auteur.

Avis de non-responsabilité : Vous devez prendre note que les informations contenues dans ce document sont destinées à une lecture occasionnelle et à des fins de divertissement uniquement.

Nous nous sommes efforcés de fournir des informations précises, actualisées et fiables. Nous n'exprimons ni n'impliquons aucune garantie d'aucune sorte. Le site personnes qui lisent admettent que l'auteur n'est pas occupé à donner des conseils juridiques, financiers, médicaux ou autres, financiers, médicaux ou autres. Nous avons mis le contenu de ce livre en sourçant

divers endroits.

Veuillez consulter un professionnel agréé avant d'essayer les techniques présentées dans ce livre. En parcourant ce document, l'amateur du livre s'engage à ce que accord qu'en aucun cas l'auteur n'est responsable d'un quelconque perte, directe ou indirecte, qu'il pourrait encourir en raison de l'utilisation de matériel contenu dans ce document, y compris, mais sans s'y limiter, - des erreurs, les omissions ou les inexactitudes.

www.ingramcontent.com/pod-product-compliance
Lightning Source LLC
LaVergne TN
LVHW050138080526
838202LV00061B/6516